_____ 님께

희망찬
새해 새 아침이 밝아옵니다.

새해에는
환하게 웃을 일이 많아지기를 소망합니다.

새 아침에는
즐겁고 행복한 시간들로
충만하기를 기원합니다.

새해 福 많이 받으세요!

드림

_____

JN407622

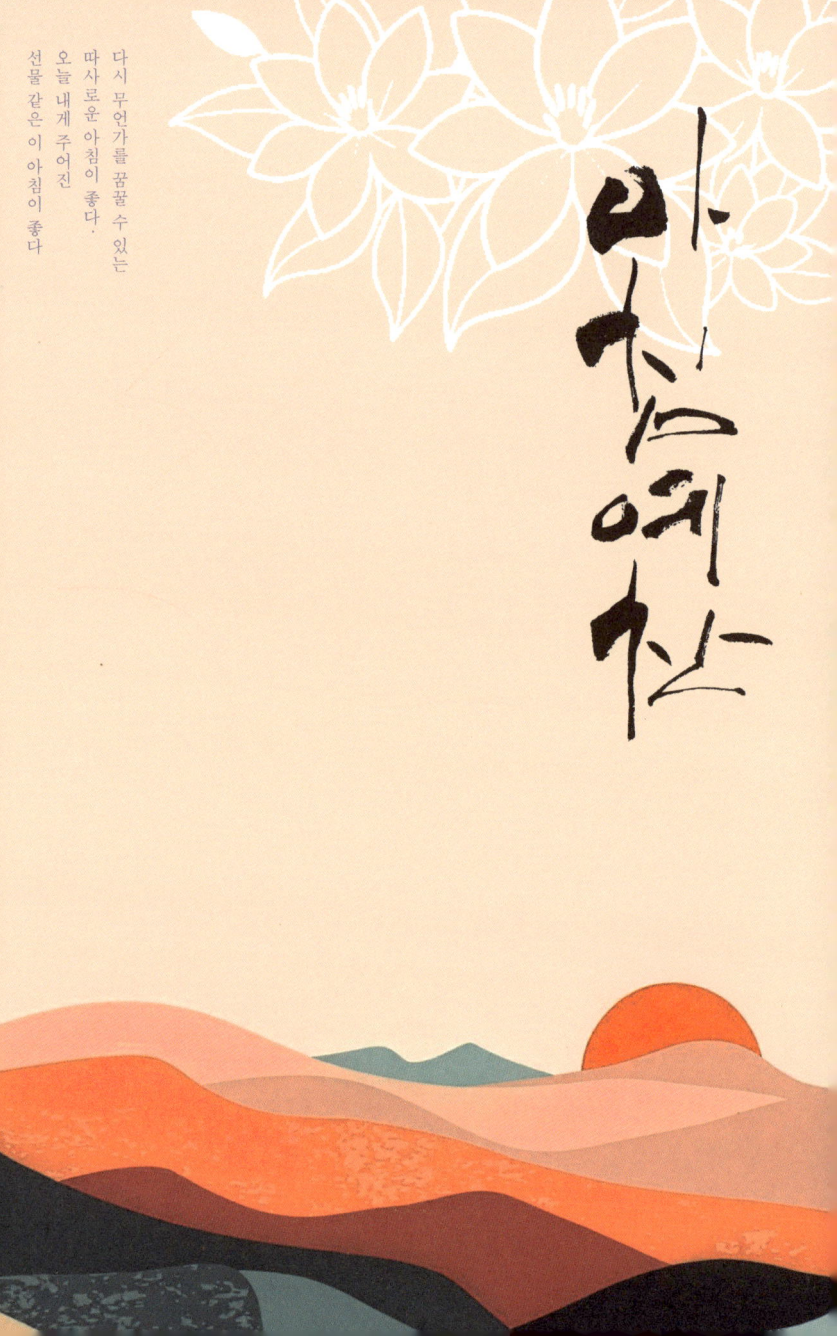

선물 같은 이 아침이 좋다
오늘 내게 주어진
따사로운 아침이 좋다.
다시 무언가를 꿈꿀 수 있는

어느 95세 어르신의 수기

"젊었을 때, 정말 열심히 살았습니다.

65세 때 당당한 은퇴를 할 수 있었죠.

하지만 30년 후인 95살 생일 때,

후회의 눈물을 흘렸습니다.

남은 인생은 그냥 '덤'이라 생각하고,

30년을 그저 고통 없이 죽기만을 기다렸습니다.

내 나이 95세, 어학공부를 시작합니다.

이유는 단 한 가지,

105번째 생일날

95살 때 왜 아무것도 시작하지 않았는지

후회하지 않기 위해서입니다."

앞의 글은 호서대학교 설립자이자
2015년 103세의 나이로 별세한 故 강석규 박사의
〈어느 95세 어르신의 수기〉에서 발췌한 내용이다.

오늘 하루를 어떻게 살아갈지.
그리고 우리에게 주어진 남은 인생을
어떻게 가꿔가야 할지를 다시 한번 생각하게 한다.

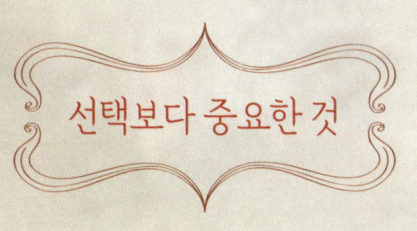

선택보다 중요한 것

선택의 상황이 닥칠 때마다
동전을 던져서 결정하는 한 청년이 있었다.

적십자사에서 근무하던 그에게
어느날 파리로 전근을 갈 수 있는 기회와
디자이너 가게에서 일할 수 있는 기회가 생겼다.
고민에 빠진 그는 동전을 던져 결정하기로 한다.
동전의 앞면이 나오면 디자이너 가게로 가고
뒷면이 나오면 파리로의 전근을 마음먹었다.
동전 던지기의 결과는 앞면이었다.
그렇게 그는 패션계에 첫발을 내디디게 된다.
당대 최고의 디자이너인 디오르(Dior) 밑에서
일하게 된 것이다.

디오르가 사망하자 그는 후계자로 지명되었다.

하지만 그때, 그는 다시 동전을 꺼내 들었다.

디오르의 후계자로 살 것인지,

아니면 독립하여 자신만의 디자인 가게를 차릴 것인지

고민에 빠진 것이다.

동전 던지기의 결과는 잔류가 아닌 독립이었다.

그는 자신의 이름을 내건 새로운 가게를 차렸다.

그가 바로 '피에르 가르뎅'이다.

어느날 한 기자가 피에르 가르뎅에게 말했다.

"결정적인 순간마다 동전 던지기로

최상의 선택을 할 수 있었다니 정말 운이 좋네요?"

그 말에 피에르 가르뎅은 이렇게 답했다.

"동전 던지기가 좋은 선택을 가져다준 것이 아닙니다.

어떤 선택을 하든 일단 결정한 후엔

그 결정에 믿음을 갖고 끝까지 밀고 나가는 것이 중요하죠."

살아가는 동안 우리는 수많은 선택의 순간에 직면한다.

그때마다 선택만큼 중요한 것이 믿음과 강한 추진력이다.

선택과 집중은 동전의 양면처럼 한 몸이어야 한다.

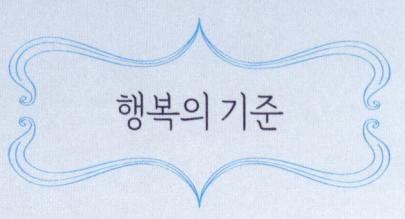

행복의 기준

미국의 한 교회에서
선교사를 파견하기 위한 헌금을 하고 있었다.
그런데 이 교회에서는 헌금 바구니나 모자 대신
헌금 접시를 돌리고 있어서
옆 사람이 얼마나 헌금하는지 눈에 보였다.

헌금 접시가 한 시각 장애인 앞에 도착했다.
교인들은 그가 시각 장애인일 뿐만 아니라
어려운 형편에서 살고 있다는 것을 알고 있었다.

시각 장애인은 헌금 접시 위에

270불이나 되는 큰돈을 올려 놓았다.

그것을 본 옆 사람이 깜짝 놀라 물었다.

"아니 어떻게 이런 큰돈을 헌금하십니까?"

그러자 시각 장애인이 미소를 지으며 대답했다.

"보시다시피 저는 앞을 보지 못합니다.

그런데 제 친구가 그러더군요.

방 하나에 불을 밝히는 비용이 1년이면 270불이 된다고요.

저는 밤마다 불을 켜지 않아도 되니

얼마나 감사한 일입니까?

그래서 그만큼의 돈을 기꺼이 헌금한 것입니다."

행복이란

지금 내가 가진 것에 감사하고

그 감사한 마음을 이웃에 베푸는 것이다.

'때문에'와 '덕분에'

알코올 중독자가 있었다.
그에게는 두 아들이 있었는데
첫째는 그처럼 알코올 중독자가 되었고
둘째는 유명한 변호사가 되었다.

어느날, 한 기자가 이들 형제를 인터뷰했다.
먼저 형에게 물었다.
"어쩌다가 알코올 중독자가 된 겁니까?"
"다 아버지 때문입니다.
알코올 중독자 아들이 보고 배운 게 뭐가 있겠습니까?"

이번엔 둘째 아들에게 물었다.
"이런 환경에서 어떻게 변호사가 될 수 있었습니까?"
"다 아버지 덕분입니다.

아버지처럼 살지 않기 위해 정말 열심히 공부했습니다."

한 가지에서 나고도
어떤 것은 가시가 되고 어떤 것은 꽃이 된다.
이슬 한 방울도 누군가에겐 생명수가 되지만
다른 누군가에겐 독이 되기도 한다.

행복의 씨앗은 어디에

제우스가 행복을 관장하는 신에게
'행복'이란 씨앗을 건네주며,
인간 세상에 내려가서 적당한 곳에
씨앗을 숨겨 놓고 오라고 명했다.
행복의 신이 떠날 준비를 마치고
인사를 하러 왔을 때 제우스가 물었다.
"그래, 행복의 씨앗을 어디에 숨겨 놓을 생각이냐?"
"바다 깊은 곳이 좋을 것 같습니다.
거친 풍랑을 이겨낸 자만이 발견할 수 있게 말입니다."
그 말에 제우스는 고개를 저었다.
"그럼, 높은 산꼭대기에 숨기는 건 어떨까요? 그 정도의 노
력과 용기를 가진 자가 찾을 수 있게 말입니다."
이번에도 제우스는 고개를 가로저었다.
행복의 신이 난감한 표정을 짓고 서 있자

제우스가 한참 만에 입을 열었다.

"인간이 가장 찾기 어려운 곳은 바로 자신의 마음속이다. 그러니 그 씨앗을 인간의 마음속에 하나씩 숨겨 놓고 오너라."

행복의 신은 고개를 끄덕이며 인간 세상으로 향했다.

행복은 멀리,

높고 험한 곳에서 찾을 수 있는 게 아니다.

살아가면서 지치고 힘든 순간이 닥칠 때마다

자신의 마음속을 찬찬히 들여다보자.

평생을 걸려 얻은 것

이탈리아 영화배우 안나 마냐니(1908~1973).

그녀가 어느날 사진관에 들렀다.

나이가 들어 영정사진을 준비하기 위해서였다.

사진을 찍기 전,

그녀는 사진사에게 특별한 부탁을 했다.

"절대로 내 주름살을 수정하지 말아 주세요."

사진사가 의아한 표정으로 이유를 묻자,

그녀는 이렇게 대답했다.

"그걸 얻는 데 평생이 걸렸거든요."

주름살마저 자랑스럽게 생각한 그녀의 한마디에서
얼마나 당당하고 소중한 삶을 살아왔는지 가늠할 수 있다.

누군가에게 주름살은
단순히 피해 갈 수 없는 세월의 흔적에 불과하겠지만,
하루하루 치열한 삶을 살아온 이에게는
세상 무엇과도 바꿀 수 없는,
인생의 발자국이자 소중한 역사가 된다.

양면성

평생 이발관을 운영해 온 초로의 이발사가
젊은 제자를 한 명 들였다.
자신의 기술을 전수하기 위해서였다.

제자는 몇 개월의 수련을 마치고
마침내 첫 손님을 맞게 되었다.
제자는 그동안 배운 기술과 열정을 바쳐서
정성껏 손님의 머리를 깎았다.
하지만 이발을 마친 손님은 거울을 보더니
투덜거리며 말했다.
"머리가 너무 길지 않나요?"
그때 제자 대신 스승인 이발사가 이렇게 말했다.
"손님, 머리가 너무 짧으면 경박해 보입니다.
지금처럼 조금 긴머리가 손님에게 잘 어울립니다."

손님은 금세 기분 좋은 표정으로 돌아갔다.

두 번째 손님은 머리가 너무 짧아졌다고 불평했다.
이번에도 스승이 나서서 말했다.
"짧은 머리는 훨씬 젊고 정직해 보인답니다.
지금 손님이 딱 그렇게 보이네요."
그 손님도 환한 표정으로 이발소를 나섰다.

세 번째 손님은 시간이 많이 걸렸다고 불평했다.
스승은 손님에게 이렇게 말했다.
"머리 모양은 사람의 인상을 좌우합니다.
그래서 성공한 사람들은
머리 다듬기에 시간을 아끼지 않는답니다."
그 말을 들은 세 번째 손님도 기분 좋게 돌아갔다.

세상 모든 사물에는 양면성이 존재한다.
스승 이발사는 불쾌한 손님의 기분을 풀어주면서
제자에게도 깨달음을 전하려고 한 것이다.

지혜로움은 한 사람의 품격을 증명하는 척도가 된다.

소나무의 이름

소나무는 나이에 따라 부르는 이름이 다르다.
200년에서 300년이 된 소나무는
노송(老松)이라 부르고,
300년에서 500년이 된 소나무는 고송(古松),
500년이 넘은 소나무는 신송(神松)이라 부른다.

우리 땅에는 대략
2천 그루의 노송과 3백여 그루의 고송,
약 20그루의 신송이 있다고 한다.

그런데 신송은 비옥하고 평탄한 땅보다는
거센 바람이 몰아치고 바위가 많은,
험준하고 척박한 토양에 뿌리를 내리고 있다.
신송에 대한 경외심이 더 큰 이유도 그 때문이다.

지금 자신이 서 있는 자리가

늘 거센 바람이 몰아치고

뿌리조차 내리기 힘든 척박한 곳이라면,

당신은 훗날,

신송으로 불리게 될 최적의 땅에 서 있는 것이다.

운명을 바꾼 말 한마디

어느 작은 성당에서
신부가 미사를 드리고 있었다.
그때 신부 옆에서 시중을 들던 소년이
성찬례에 사용할 포도주를 엎지르고 말았다.
화가 난 신부가 소년에게 호통을 쳤다.
"다시는 제단 앞에 얼씬도 하지 마라."
그날 이후 소년은 성당에 발을 끊었다.

비슷한 일이 다른 성당에서도 일어났다.
그 성당의 신부는 화를 내지 않고 차분하게 말했다.
"괜찮아. 실수할 수도 있는 거지.
나도 너만 했을 땐 실수를 많이 했단다."

성당에서 쫓겨난 소년은 훗날

유고슬라비아의 대통령 자리까지 올랐지만
28년간 독재자로 군림했다.
그의 이름은 '조셉 브로즈 티토'다.

포도주를 쏟고도 따뜻한 위로를 받은 소년은
훗날 천주교 대주교의 자리에 오르게 된다.
그의 이름은 풀턴 쉰 주교다.

어쩌면 말 한마디가
두 소년의 운명을 바꿔버린 것인지도 모른다.

말에는 특별한 힘이 있다.
이왕이면 좋은 말,
긍정의 말로 하루를 시작해 보자.

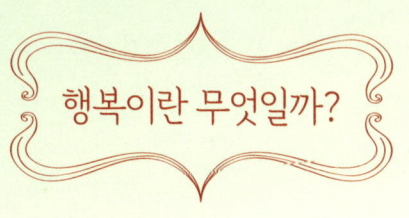

행복이란 무엇일까?

모파상은 19세기 후반 프랑스의 소설가로,
〈여자의 일생〉, 〈벨라미〉, 〈죽음처럼 강하다〉 등
인생의 참된 가치를 일깨우는 소설들로 명성을 얻었다.

출간하는 책마다 베스트셀러가 되면서
그는 엄청난 부와 명예를 거머쥐었다.
지중해에 요트를 가지고 있었고,
노르망디와 파리에 호화 저택을 소유하고 있었다.

하지만 1892년 1월 1일 아침,
그는 삶의 의미를 잃고 자살을 시도하기에 이른다.
다행히 목숨은 건졌지만 그는 정신병자가 되었고,
1년 후 43세를 일기로 생을 마감했다.

"나는 모든 것을 갖고자 했지만,
결국 아무것도 갖지 못했다."
그의 묘비에 새겨진 글이다.

남들이 부러워할 만한 부와 명예를 가졌음에도
비극적으로 생을 마감한 모파상을 통해서
진정한 행복이란 무엇인지 생각하게 된다.

지금 내가 가진 것에 감사하고
소소한 일상에서 반짝이는 것을 찾아내는 것,
그것이 진정한 행복이 아닐까!

작지만 진실한 흠집

우리는 흔히 완벽함을 추구한다.

매끄럽고 흠 없는 모습이 곧 가치라 믿는다.

그러나 진정한 신뢰는 완벽함이 아닌,

정직함에서 비롯된다.

1961년 독일 폭스바겐의 광고는

그런 진실을 보여준 대표적인 사례다.

폭스바겐은 자신들의 자동차 비틀에

'레몬'이라는 단어를 선뜻 사용해 작은 흠집을 드러냈다.

이 '레몬'은 불량품을 뜻하는 속어였지만,

광고는 그 결함을 숨기지 않고 솔직하게 공개했다.

"앞 좌석 사물함 문 크롬 도금에 작은 흠집이 있어

교체해야 합니다."

이 솔직한 고백은 과장과 조작에 지친 소비자들에게

오히려 신뢰와 따뜻함으로 다가갔다.

우리 삶도 마찬가지다.

흠집이 있다는 건 부끄러운 일이 아니다.

그것은 우리가 온전히 살아왔다는 증거이다.

완벽하지 않아도 괜찮다.

오히려 진심을 담은 정직함이 사람들의 마음을 움직이고,

우리를 성장하게 한다.

자신의 작은 '레몬'을 숨기지 말자.

페블링(Pebbling)

'페블링(Pebbling)'이란
펭귄의 한 종인 전투 펭귄이 짝을 유혹할 때
조약돌을 선물하는 행동을 의미한다.

최근에는 SNS나 메신저를 통해 귀여운 동물 사진이나
영상을 보내는 행위를 '페블링'이라고 부르기도 한다.
디지털 시대의 애정 표현법이다.

디지털 시대의 애정은
꼭 거창하고 화려할 필요가 없다.
때때로 그것은 아주 작은 조약돌처럼,
손안에 들어올 만큼 소박하고 가벼운 형태로 다가온다.
그 자체로는 특별하지 않아 보이지만,
그것이 나를 향한다는 사실이 마음을 움직인다.

사랑하는 사람을 떠올리며 전하는 작은 온기,

그것이 디지털 조약돌, '페블링'이다.

독화살

한 제자가 석가모니에게 질문을 던졌다.
질문은 하나가 아니었다.
그 제자는 '세상은 영원한가, 무상한가',
'목숨과 몸은 같은 것인가, 다른 것인가',
'죽으면 어떻게 되는가' 등을 물었다.

석가모니는 이렇게 말했다.
"어떤 사람이 길을 걷다가 독화살을 맞았다고 하자.
그런데 독화살을 맞은 자가
독화살을 뺄 생각은 하지 않은 채
독화살을 쏜 사람이 누구이며, 어디서 날아왔고,
화살의 재질은 무엇인지 등을 따져 묻고만 있다면
어떻게 되겠느냐?"
그 제자는 당연하다는 듯 말했다.

"죽지 않을까요?"

그러자 석가모니가 말했다.

"그렇다. 그 사람에게 중요한 것은

화살을 누가 쐈고 화살의 정체가 무엇인지가 아니라

당장 독화살을 빼 목숨을 살리는 것이다."

누군가의 말 한마디에 상처 받았을 때나

실패로 자신을 책망할 때,

혹은 얽힌 관계 속에서 마음이 힘들 때,

우리는 자주 '왜'라는 물음 속에 갇히곤 한다.

하지만 '왜 나에게 이런 일이 생겼는가?'보다

'이제 나는 무엇을 해야 하는가?'라는 물음이 먼저다.

그것이 독화살을 뽑아내는 첫걸음이기 때문이다.

각주구검 刻舟求劍

초나라에 한 젊은이가 있었다.

그에게는 세상 그 무엇보다 소중한 칼이 있었다.

어느 날 그는 그 칼을 품에 안고 넓은 강을 건너던 중,

실수로 칼을 물속에 떨어뜨렸다.

놀란 그는 급히 배의 옆면에 표시를 새겨두었다.

'이 자리에 칼이 떨어졌으니,

나중에 이 표시를 따라 찾으면 될 거야.'

배가 강을 건너 언덕에 닿자마자

그는 곧장 표시된 자리의 물속으로 뛰어들었다.

하지만 칼은 이미 멀리 흘러가 버린 뒤였다.

젊은이의 모습은

어쩌면 우리 자신의 모습인지도 모른다.

우리는 종종 시간이 흘러도 과거의 기억에 연연한다.

이미 지나가 버린 기회와 인연의 자리에서

여전히 행복과 답을 찾으려 하는 것이다.

세월은 변함없이 흐르고 세상은 변하는데, 우리 마음은

늘 그 자리에 머물러 있기를 바란다.

그것이 우리의 또 다른 '각주구검(刻舟求劍)'이 아닐까!

흑곰인 인간

샌디에이고의 어느 숲 가장자리,
부드러운 햇살이 나뭇잎 사이로 스며드는 곳에서
흑곰 새끼들이 조심스레 걸음을 옮긴다.
그 곁에 커다란 곰 탈을 쓰고, 털옷을 입고,
몸짓과 눈빛까지 마치 곰처럼 움직이는 사람들이 있다.
샌디에이고 동물보호협회의 직원들이다.

그들이 하는 일은 단순한 보호가 아니라
야생으로 돌아가는 길을 만들어 주는 일이다.
나무를 오르는 법, 땅을 파는 법, 먹이를 찾는 방법….
이 모든 것을 새끼 곰이 스스로 익히도록
곁에서 지켜보고, 때로는 함께 시범을 보이며 인도한다.
인간의 손길이 주는 위로와 체온 속에서도
새끼 곰들이 야생의 본능을 잊지 않도록.

우리가 가진 사랑은

때때로 동물에게 위험이 되기도 한다.

너무 익숙해진 인간의 냄새,

너무 부드러운 환경 속에서 자란 생명은,

다시 거친 자연에 놓였을 때 생존하기 어렵다.

그래서 이 보호사들은 '흑곰을 위한 인간'이 아니라

'흑곰인 인간'이 된 것이다.

가면과 털옷은 단순한 위장 도구가 아닌,

생명을 존중하는 마음의 상징이다.

진정한 사랑이란 이런 것이 아닐까.

내 곁에 영원히 붙잡아 두는 것이 아니라,

한 걸음 한 걸음 떠나보낼 준비를 함께하는 것!

다시 살아나기 위한 과정

가을이 오면

우리는 단풍나무 앞에서 쉽게 발걸음을 멈춘다.

울긋불긋 물드는 단풍의 화려함은

가을이 주는 최고의 선물 중 하나다.

그러나 그 화려한 빛깔 뒤에는

나무의 조용하고 치열한 생존전략이 숨어 있다.

여름을 지나 가을로 접어들면 단풍나무는

잎으로 가는 물과 영양분을 서서히 끊는다.

혹독한 겨울을 나기 위한 준비에 돌입한 것이다.

엽록소가 빛에 파괴되면서 초록은 사라지고,

그동안 존재감을 드러내지 못했던 다른 색소들이

새로운 빛을 얻는다.

그 결과 우리는 붉고 노란 잎을 보게 되지만,

그것은 나무가 살아남기 위해 선택한 모습이다.

단풍은 초록을 잃어야 비로소 붉게 물든다.
이는 끝이 아니라 전환의 순간이다.
더 깊은 겨울 속에서도 뿌리는 살아남아,
다시 봄을 맞을 준비를 한다.

사람의 마음도 그러하다.
살다 보면 푸른 열정이 사라지고,
세상이 점점 빛을 잃는 것처럼 느껴질 때가 있다.
하지만 그때
비로소 내 안에 숨어 있던 또 다른 빛이 드러난다.
그것은 경험에서 나온 빛, 상처에서 자란 빛,
그리고 다시 시작하려는 용기의 빛이다.
지금 조금 시들해 보여도 괜찮다.
그것은 결코 끝이 아니라,
다시 살아나기 위한 자연스러운 과정이기 때문에.

비행기와 낙하산

낙관주의자는 하늘을 꿈꾸며 비행기를 만들었다.
그가 올려다본 하늘은 늘 푸르고,
그 속에는 자유와 희망이 가득했다.

사람들이 낙관주의자의 용기에 열광할 때
그늘 한쪽에는 조용한 비관주의자가 있었다.
"혹시 비행기가 떨어지기라도 한다면?
뭔가 준비가 필요하지 않을까?"

사람들은 비관주의자의 생각을 부정적으로 여겼지만,
그 덕분에 낙하산이 만들어졌다.
그리고 언젠가 폭풍이 몰아쳤을 때,
낙하산은 한 생명을 조용히 감싸 안았다.

낙관은 우리를 날게 하고, 비관은 우리를 살게 한다.
희망은 위로 오르게 하지만,
두려움을 직면한 신중함이 우리 삶을 단단하게 만든다.
하늘을 향한 열정과 땅을 향한 대비,
그 둘이 함께할 때
우리는 비로소 안정된 비행을 한다.

유칼립투스의 생존전략

캘리포니아 해변가에는 유칼립투스가 많이 자란다.

유칼립투스의 잎과 수액에는 알코올 성분이 많아

덥고 건조한 날씨가 지속되면

자연발화나 번개로 인해 쉽게 산불이 발생한다.

하지만 유칼립투스 씨앗은

단단한 껍질 안에 보호되어 있어,

산불로 나무가 모두 타더라도 씨앗은 안전하다.

산불이 지나간 뒤

뜨거운 열에 의해 껍질이 열리면

씨앗은 발아하고, 새싹이 자라난다.

유칼립투스는 자신의 몸을 불태워

자식이 더 좋은 환경에서 성장할 수 있도록 하는

생존전략을 가진 것이다.

우리가 삶에서 마주하는 시련과 고통도
어쩌면 이런 불길일지 모른다.
타오르는 순간에는 모든 것이 끝난 것처럼 느껴지지만,
그 불꽃이 지나간 자리에
비로소 시작되는 또 다른 성장의 씨앗!

"불은 나를 태웠지만, 나의 씨앗을 깨웠다."
이것이 유칼립투스가 전해주는 이야기다.

칭찬의 힘

미국 일리노이주에 사는 아홉 살 소년 에단은

매일 아침 집 앞마당에

'무료로 칭찬해 드려요'라는 팻말을 내건다.

그 작은 손글씨 한 줄이

하루의 문을 여는 인사처럼 따뜻하다.

에단은 지나가는 이들에게 인사를 건네고,

그들의 이야기를 들어준 뒤 그에 맞는 칭찬을 해준다.

"좋은 하루 보내세요."

"오늘 옷이 정말 잘 어울리네요."

그렇게 간단한 말들이지만,

듣는 이들의 얼굴에 환한 미소가 번진다.

그 시작은 사소했다.

에단은 소설 속 인물들이

서로를 모욕하고 냉소하는 모습을 보고
'나는 그렇게는 하지 않을래.'라고 생각했다.
아이의 순수한 마음에서 비롯된 작은 다짐이,
사람들의 마음을 데워주는 불씨가 된 것이다.
지금까지 60여 명의 사람들이
에단의 '칭찬 벤치'를 다녀갔다고 한다.

생각해 보면 우리는 늘
'행복'이라는 단어를 거창하게만 정의하는 것 같다.
누군가에겐 새 차를 몰거나
멋진 여행지를 가는 것일지 모르지만,
사실 행복은 "당신 참 멋지네요!"라는
한마디에서 시작되기도 한다.
작은 칭찬 한마디가
누군가에게는 하루치의 따뜻함이 되는 것이다.

행복은 특별한 순간이 아닌,
매일 일상에서 주고받는 많은 말들 속에
알알이 박혀 있다.

금이 간 항아리

한 노인이 매일 아침 어깨에 메고 나르던
두 개의 물항아리 중 하나에 금이 가 있었다.
노인이 물을 길어 올 때마다
반쯤 비워져 버리는 그 항아리는
자신이 쓸모없는 존재라고 느꼈다.

그것을 눈치챈 노인이 말했다.
"네 덕분에 길가의 꽃들이 피었단다."
그제야 금이 간 항아리는 깨달았다.
자신이 잃은 물이 헛된 것이 아니라,
누군가에게 아름다움을 주는 길이었음을.

우리 삶에도 '금이 간 항아리'가 있다.
말 한마디가 서툴러 관계를 망치고,

열심히 한 일의 성과가 기대에 미치지 못할 때,
우리는 자신이 부족하다고 느끼고,
남들에게 뒤처졌다는 부끄러움이 커진다.
그러나 시간이 지나고 돌아보면,
그 틈에서 예상치 못한 무언가가 피어나곤 한다.
그것은 사람의 따뜻함이거나,
새로운 시작을 꿈꿀 수 있는 용기가 되기도 한다.

결함은 결코 끝이 아니다.
누군가에게 꼭 필요한 물줄기가 될 수도 있다.
항아리에서 흘러나온 물이 꽃을 피우듯,
우리가 흘리는 눈물도 누군가의 삶을 적실 수 있다.
조금 모자라고 어딘가 금이 간 것처럼 느껴져도,
그 틈새로 세상이 환하게 피어나기도 한다.

늦은 때란 없다

남아프리카공화국 림포포의 어느 축구 경기장,
푸른 잔디 위로 흰머리의 선수들이 달리고 있었다.
숨이 가쁘지만, 그들의 눈에서는 빛이 났다.
이번 '세계 할머니 월드컵'에는
미국, 프랑스, 토고를 비롯한 12개국 여성들이 모였다.
2007년부터 시작된 이 대회에 참가한 선수들은
50대부터 80대까지 다양했지만,
공 하나를 향해 달리는 순간만큼은
나이도, 병도, 아픔도 그들을 멈추게 할 수 없었다.

이 대회는 한 여성의 작은 꿈에서 시작됐다.
암과 휠체어라는 두 개의 무거운 현실을 이겨낸 레베카.
그녀는 '건강을 위해서', 그리고
'잊혀지기 쉬운 중년 여성들을 위해서'라는 마음으로

뜻을 세웠다.

사람들에게 웃음을 주는 축구,

함께 움직일 수 있는, 기회를 주는 축구가

그녀에게는 다시 살아갈 힘이었다.

경기 시작 전, 선수들은 혈압을 재고,

혹시 무릎이나 어깨가 아프진 않은지 살핀다.

하지만 경기장에서의 모습은 청춘 그대로다.

63세의 음벨레 선수는 10번이 적힌 유니폼을 입고

그라운드를 달리며 말했다.

"꿈을 이루기에 너무 '늦은 때'란 없어요.

그 무엇도 저를 멈출 수 없는걸요."

그 한마디에 경기의 의미가 모두 담겨 있다.

우리는 종종 '늦었다'는 말을 너무 쉽게 한다.

하지만 림포포의 할머니 축구 선수들은 다르다.

그들에게 승패보다 중요한 건

오늘 하루를 온전히 뛴다는 것이며,

웃음과 땀 그리고 심장이 두근거리는 그 순간이

그들에게는 인생의 결승 골이다.

상처에서 피어난 희망

사람들은 네잎클로버를 찾으면
행운이 온다고 말한다.
푸른 잔디밭에서 우연히 그것을 발견하면,
누구나 마음속에 작은 기쁨이 피어난다.
하지만 조금 더 들여다보면,
그 네 잎이 행운의 상징만은 아니라는 걸 알게 된다.

클로버의 잎은 원래 세 장인데,
생장점이 상처를 입으면서 네 장의 잎을 내민다.
상처 하나에서 새로운 잎이 하나 생기는 것이다.
상처가 고통만 남기는 것이 아니라,
때로는 가장 눈부신 변화를 불러오는 셈이다.

살다 보면 누구나 예상치 못한 상처를 받는다.

마음이 베이거나, 관계가 흔들리거나,
꿈이 꺾이는 순간이 찾아온다.
그때마다 우리는 상처를 숨기거나 잊으려 한다.
하지만 그것이 우리 안에서
또 하나의 잎이 자라날 기회라면 어떨까?

오늘 우리의 삶이 힘겹고 어둡게만 보여도
그 상처가 결국 내 안에
'네 번째 잎'을 틔우게 될 것이라는 믿음이 있다면,
지금은 조금 힘들어도 괜찮다.
어두워도 괜찮다.
그리고 기억하자.
네잎클로버가 '행운'을 상징한다면
세잎클로버는 '행복'을 상징한다는 걸.

앙리 마티스의
가위가 전한 빛

유명 화가 앙리 마티스는
말년에 병으로 인해 붓을 들 수 없게 되었다.
화가에게 손은 세계를 느끼는 감각의 연장이자,
창조의 시작점이다.
그러나 그는 붓을 놓았을 때에도
다른 이들처럼 예술의 끝을 받아들이지 않았다.
휠체어에 의존하면서도 그는 새로운 문을 열었다.
손 대신 가위를, 물감 대신 색종이를 택한 것이다.

그는 말했다.
"가위는 연필보다 더 감각적이다."
그에게 가위는 단순한 도구가 아니라,
잃어버린 자유를 대신하는 또 하나의 손이었다.
종이를 자르는 행위는 그저 형태를 만드는 기술이 아니라,

색의 생명력과 대화하는 시간이었고,
새로운 예술의 언어였다.
병실의 침대와 휠체어에서 만들어진 그의 작품들은
'한계'라는 단어를 무너뜨렸다.
그의 대표작 〈이카루스〉 역시 병상에서 탄생했다.

마티스의 삶은 우리에게 중요한 질문을 던진다.
우리의 인생에도 마티스의 가위 같은 순간이 있다.
무언가를 더 이상 할 수 없다고 느낄 때,
기댈 수 없다고 느낄 때,
여전히 손에 쥘 수 있는 작은 '가위'가 있다.
그것은 희망일 수도 있고,
사랑하는 사람의 손일 수도,
혹은 스스로를 향한 믿음일 수도 있다.

마티스의 가위는
단순히 종이를 자르는 도구가 아니었다.
그것은 한 인간의 한계를 다시 정의한 증거였다.

석공의 행복

자신의 삶에 불만을 가진 석공이 있었다.

그는 매일 같은 일을 반복하며,

더 큰 힘과 권위를 가진 존재가 되고 싶어 했다.

그래서 신에게 간절히 빌었다.

신은 그를 왕으로 만들어 주었다.

왕이 된 순간, 그는 모든 것을 가진 듯 보였다.

하지만 뜨거운 태양 앞에서 힘을 잃었고,

태양은 구름에 가려 빛을 내지 못했다.

구름은 바람 앞에서 밀렸고,

바람은 거대한 산 앞에서 멈췄다.

그리고 그 산을 깎는 것이 바로 '석공'이었다.

이 깨달음은 석공에게 평생 답을 주었다.

세상을 돌고 돌아서 도착한 곳은,

바로 그는 이미 가장 강한 존재였다는 사실이었다.

사람은 자신의 현재 모습에 만족하기보다,
항상 더 크고, 더 높고, 더 강한 것이 되기를 꿈꾼다.
우리는 스스로 비교하는 데 능숙하고,
남이 가지고 있는 것을 나도 가져야 한다는 생각에
쉽게 사로잡히곤 한다.
그러나 석공의 여정은 그 비교의 끝에
기다리고 있는 것이 허무일 수 있음을 보여준다.

행복은 목표에 도달했을 때가 아니라,
지금 내가 가진 것의 가치를 깨달을 때 온다.

불가사리를 던지는 소년

아침 햇살이 비스듬히 비치는 해변에
수많은 불가사리가 흩어져 있었다.
밀려온 파도가 물러간 자리마다
작은 생명들이 침묵 속에 말라가고 있었다.

한 소년이 불가사리를 들어 바다로 내던졌다.
하나, 또 하나.
이 장면을 멀리서 바라보던 한 남자가
소년에게 말을 걸었다.
"이 많은 불가사리를 다 살릴 수는 없을 텐데….
그런다고 세상이 달라지겠니?"
소년은 손에 든 불가사리를 바다로 던지며 말했다.
"그래도 이 한 마리에게는 의미가 있을 거예요."
그 순간 남자의 눈에 바다 빛이 달라 보였다.

세상을 바꾸는 일은
이렇게 작은 손끝에서 시작된다.

우리가 사는 세상에도 '불가사리'들이 넘쳐난다.
외로움에 지친 사람, 기회를 잃은 사람,
누군가의 말 한마디를 기다리는 사람.
그들의 존재는
조금만 관심을 두지 않으면
손 닿을 새 없이 금세 멀어져 버리곤 한다.
하지만 우리가 내민 작은 손길 하나,
따뜻한 말 한마디가 그들에겐
푸른 바다로 다시 돌아갈 힘이 되기도 한다.

오늘 내가 하는 작은 행동이
세상을 바꾸지는 못하더라도
누군가에게 큰 변화의 순간을 안겨줄 수 있다.
그런 순간들이 모여서 세상은 조금씩 따뜻해진다.

피크엔드 법칙

어떤 경험을 마음속에 오래 간직하는 데에는
특별한 법칙이 있다.
이를 '피크엔드 법칙'이라 부르는데,
사람은 평온한 일상을 기억하기보다는
감정이 가장 크게 움직인 절정의 순간과
마지막 장면을 주로 떠올린다고 한다.

레스토랑에서 식사하던 한 커플이 있었다.
음식은 나쁘지 않았지만,
그다지 특별하지 않은 평범한 식사였다.
그런데 계산대로 향하기 전,
직원이 한 접시의 티라미수를 가져다준다.
무료 서비스다.
달콤함 속에 진심 어린 감사 메시지까지 적혀 있다.

그 순간 평범했던 식사가
따뜻하게 빛나는 추억으로 변했다.
그들은 다음에도 이곳을 찾겠다고 결심한다.

우리 삶에도 이런 장면들이 있다.
하루 종일 특별한 것이 없는 날이지만,
누군가의 다정한 한마디나 뜻밖의 친절이
하루를 빛나게 만든다.
중요한 것은 거창함이 아니라 진심이다.
작은 배려와 따뜻한 표현이,
그 순간을 '기억되는 시간'으로 바꾸어준다.

오늘 하루, 평범함 속에
하나의 '피크'와 '엔드'를 만들어보자.
사람들은 그 순간을 오래 기억할 것이다.
그리고 그 기억은 언젠가
나와 누군가를 잇는 다리가 되어줄 것이다.

멈추지 않는 성장

어느 날, 한 신문기자가
세계 최고의 첼리스트인 파블로 카잘스를 만나기 위해
그의 집을 찾았다.
기자는 이미 그의 명성을 익히 알고 있었지만,
76세라는 나이와 '역사상 가장 훌륭한 연주자'라는 칭호가
범접하기 어려운 거리감을 느끼게 했다.

문을 두드렸을 때,
그의 부인이 맞아주었다.
"지금 네 시간째 연주 중입니다.
아직 두 시간 정도 기다리셔야겠네요."
기자는 깜짝 놀랐다.
76세의 나이에 하루 6시간 이상 연습한다는 사실에.
더구나 그는 이미 완벽의 경지에 오른 사람 아니던가.

연습실 문이 열리고 카잘스가 걸어 나왔을 때,
기자가 그에게 물었다.
"역사상 가장 훌륭한 첼리스트로 존경받고 있는데,
왜 아직도 하루 6시간 이상 연습을 하십니까?"
카잘스는 활을 내려놓고 따뜻한 미소를 지었다.
"내가 지금도 조금씩 발전하고 있기 때문이지요."

76세의 나이에도 불구하고
하루 6시간 이상의 연습을 해온 카잘스는
우리에게 이런 질문을 던진다.

"당신은 지금 이 순간에도 발전하고 있습니까?"

이키가이 生きがい

오키나와의 어느 마을에는
매일 바다로 나가 해초를 캐는 할머니가 있다.
그녀는 아흔을 넘겼지만,
여전히 매일 같은 시간에 집을 나선다.
가족들이 이제 그만 쉬라고 할 때마다
그녀는 웃으며 말한다.
"나는 하루를 바다와 함께 시작해야 마음이 편해."

오키나와는 장수하는 사람들이 많은 곳으로 유명하다.
그곳 사람들의 삶의 철학을 '이키가이'라고 부른다.
'이키가이(生きがい)'라는 말은
'삶의 보람' 또는 '살아가는 이유'라는 뜻으로,
일을 계속하고 공동체에 봉사하며
소소한 행복을 찾아가는 삶의 태도를 의미한다.

단순히 오래 사는 비결이 아니라,
'왜 살아가는가?'에 대한 아주 개인적이면서도
근원적인 해답이다.
오키나와 사람들은 이 해답을
거창한 목표나 성공에서 찾지 않는다.
소소한 일상에서, 마을 사람과 나누는 미소 속에서,
그리고 오늘도 할 수 있는 '무언가'에서 찾는다.

오래 사는 것보다 오늘을 진심으로 살아내는 것.
그것이 오키나와 사람들이 우리에게 알려주는
삶의 지혜이자, 행복의 정의다.

작은 나사 하나

2011년 3월, 대통령 전용기가 이륙 직후
갑작스러운 이상 징후를 보이며 인천공항에 비상 착륙했다.
당시 상황은 긴장과 혼란으로 가득했고,
전 세계와 맞닿아 있던 외교 일정은 그대로 멈췄다.
원인을 찾는 과정은 치밀하고도 날카로웠다.
그러나 결론은 의외로 단순했다.
비행기를 움직이는 수천 개의 부품 중,
단 하나의 작은 나사가 거꾸로 꽂혀 있었던 것이다.

작은 나사 하나가 큰 비행기를 멈추게 했듯,
작은 온기가 누군가의 삶을 움직이고,
작은 용기가 미래를 바꿀 수 있다.

어쩌면 우리는 모두

비행기에 박혀 있는 '나사' 같은 존재인지도 모른다.
그래서 우리의 역할과 위치가 눈에 띄지 않을 수도 있다.
그러나 그것이 정확히, 올바른 방향에 맞춰져 있을 때,
세상이라는 거대한 항로가 무사히 이어진다.

나사 하나가 기적을 만들고,
사람 하나가 미래를 만들어 가는 것이다.
작은 나사 하나를 바로잡는 순간,
세상은 다시 날아오를 준비를 한다.

잊혀진
도토리의 선물

겨울이 오기 전,

다람쥐는 쉼 없이 도토리를 모은다.

작고 연약한 몸으로 온 힘을 다해 땅을 파고,

녹음 속 어딘가에 도토리를 하나씩 감춘다.

하지만 아이러니하게도,

그렇게 힘들게 모은 도토리의 절반 이상은

어디에 숨겼는지 다람쥐 스스로 잊어버린다고 한다.

어쩌면 '낭비' 같고, '실패'처럼 보이지만,

자연은 그것마저도 낭만으로 바꾸어 놓고 만다.

다람쥐가 기억에서 놓친 그 도토리들이

봄이 되면 땅속에서 싹을 틔워 나무로 자라나고,

그 나무가 또 다른 숲을 만든다.

잊어버림이 결국 풍요로움이 되는 것이다.

우리의 삶도 다람쥐의 겨울과 닮았다.

누구나 열심히 내일을 준비하지만,

계획했던 대로 흘러가지 않는 순간이 있다.

어떤 일은 완벽히 이뤄지지 못하고,

어떤 노력은 흔적도 없이 사라지는 것처럼 느껴진다.

그러나 시간이 지나 다시 돌아보면,

그때의 '실패'와 '잊힘'이 예상치 못한 곳에서

뿌리를 내리고 있었음을 깨닫게 된다.

다람쥐가 모르는 사이 숲이 자라듯,

우리가 인지하지 못한 노력과 마음이

누군가의 위로가 되고, 또 다른 기회를 싹트게 한다.

오늘도 우리의 일상에서

수많은 '도토리'들이 묻히고 있다.

지금 당장은 땅속 깊은 어둠에 빠진 것 같지만,

언젠가 따뜻한 봄볕 아래에서

파릇한 새싹이 되어 우리에게 돌아올 것이다.

아침 예찬

엮은이 | 곽동언
펴낸이 | 우지형

인 쇄 | 하정문화사
제 본 | 영글문화사
후가공 | 금성엘에스엠
디자인 | 김왕기
표지캘리 | 청목 김상돈

펴낸곳 | 나무한그루
주 소 | 경기도 김포시 월곶면 애기봉로 456번길 64-43, 마동 2층
전 화 | (031)986-9028 팩스(031)986-9038
이메일 | namuhanguru@empas.com
출판등록 | 제313-2004-000156호

ISBN 978-89-91824-73-7   02810
값 5,000원